BEI GRIN MACHT SICH
WISSEN BEZAHLT

- Wir veröffentlichen Ihre Hausarbeit,
  Bachelor- und Masterarbeit

- Ihr eigenes eBook und Buch -
  weltweit in allen wichtigen Shops

- Verdienen Sie an jedem Verkauf

Jetzt bei www.GRIN.com hochladen und kostenlos publizieren

Bibliografische Information der Deutschen Nationalbibliothek:

Die Deutsche Bibliothek verzeichnet diese Publikation in der Deutschen National-
bibliografie; detaillierte bibliografische Daten sind im Internet über http://dnb.d-
nb.de/ abrufbar.

Impressum:

Copyright © 2016 GRIN Verlag, Open Publishing GmbH
Druck und Bindung: Books on Demand GmbH, Norderstedt Germany
ISBN: 978-3-668-20528-4

Dieses Buch bei GRIN:

http://www.grin.com/de/e-book/321305/das-drama-im-spanischunterricht-der-
oberstufe-zur-behandlung-von-ariel

Nadja Niyaz

Das Drama im Spanischunterricht der Oberstufe. Zur Behandlung von Ariel Dorfmanns „La Muerte y la Doncella"

GRIN Verlag

GRIN - Your knowledge has value

Der GRIN Verlag publiziert seit 1998 wissenschaftliche Arbeiten von Studenten, Hochschullehrern und anderen Akademikern als eBook und gedrucktes Buch. Die Verlagswebsite www.grin.com ist die ideale Plattform zur Veröffentlichung von Hausarbeiten, Abschlussarbeiten, wissenschaftlichen Aufsätzen, Dissertationen und Fachbüchern.

Besuchen Sie uns im Internet:

http://www.grin.com/

http://www.facebook.com/grincom

http://www.twitter.com/grin_com

Ludwig-Maximilians-Universität München

Institut für Romanische Philologie

Wintersemester 2015/2016

Seminar zur spanischen Fachdidaktik

Theorie und Praxis des Spanisch-Unterrichts
(P8 – Fachdidaktik des Spanischen)

Literaturunterricht in der Oberstufe: Drama

vorgelegt von:

Nadja Niyaz

Starnberg, 24.02.2016

Inhaltsverzeichnis

1. Einleitung: Das Drama und der Lehrplan der Oberstufe

Obwohl das Drama bereits seit langem fest im Lehrplan der Oberstufe für Deutsch verankert ist, so fristet es doch nach wie vor ein Aschenputtel Dasein in den Fächern der 3. Fremdsprache, wie Spanisch. Viele Lehrer empfinden das Drama, laut einer empirischen Studie von Werner Imbach[1], als zu aufwendig oder die Möglichkeiten des Einsatzes zu eingeschränkt. Dennoch fordert der bayerische Lehrplan für die Oberstufe des Gymnasiums ganz klar den Einsatz eines „Drama aus dem 20. oder 21. Jahrhundert (z. B. García Lorca) in Auszügen oder als Ganzschrift bzw. Auszüge oder eine Ganzschrift aus dem Bereich Film (Filmskript oder Textbuch)"[2]. In der hier vorliegenden Arbeit soll im theoretischen Teil zunächst die Dramentheorie und der Einsatz im Unterricht beleuchtet werden. Der praktische Teil der Arbeit behandelt die Umsetzung der zuvor erwähnten Theorie, anhand einer 90-minütigen Unterrichtsstunde, eingebettet in eine 10-Stündige Unterrichtsreihe zum Drama „La Muerte y la Doncella" von Ariel Dorfmann.

2. Das Drama im Fremdsprachenunterricht der Oberstufe

2.1. Theorie

Das Drama gehört zusammen mit der Epik und der Lyrik zu den drei Großgattungen. Die Einteilung von Texten in diese Gattungen ist jedoch nicht immer ganz einfach und auch die für das Drama gibt es keine einheitliche Definition. In der hier vorliegenden Arbeit soll eine Definition zum Tragen kommen die Werner Imbach (2011:78) „als vielleicht kleinsten gemeinsamen Nenner [...], der als Grundlage für die Behandlung im Unterricht dienen kann [...]" bezeichnet:

> Handlung, die durch Personen in Rede und Gegenrede und szenischer Aktion dargestellt wird. Wesentliches Kennzeichen des Dramas ist die szenische Aufführung; das Drama wendet sich grundsätzlich an Zuschauer (das Lesedrama stellt einen Grenzfall dar).[3]

---

[1] Werner Imbach, Befragung von Fachlehrer/innen Spanisch
[2] Lehrplan für Gymnasien, Jahrgangsstufe 11/12, Spanisch (Fs3)
[3] Meyers Kleines Lexikon Literatur (1986, 111).

2.1.1. Merkmale und Formen des Drama

Zu den Merkmalen des Dramas lässt sich also sagen, dass es meist zur Aufführung angelegt ist, die Erzählfunktion fehlt, da dramatische Texte meist aus Monologen und Dialogen bestehen und die Handlung darauf ausgelegt ist, in Szenen umgesetzt zu werden (Imbach 2011, S. 68). Die Erzählerfunktion kommt quasi nicht zum Tragen, der Erzähler spricht nicht selbst, sondern nur durch Figuren. Dramatische Texte können aber durchaus auch episierende Elemente enthalten, wie zum Beispiel Regieanweisungen, einen Chor, Teichoskopie (Mauerschau) oder auch Figuren die eine Erzählerfunktion übernehmen und sich direkt an die Zuschauer wenden, das *ad spectatores* (Imbach 2011, S.68)

Das Drama kann verschiedene Formen aufweisen, meistens wird jedoch versucht eine grobe Einteilung in offenes oder geschlossenes Drama vorzunehmen. Das geschlossene Drama zeichnet sich vor allem durch die klassische, aristotelische Einheit von Handlung, Zeit und Ort aus. Es kommen meist nur wenige Personen vor, streng eingeteilt in bestimmte soziale Schichten oder Stände. Die Sprache im geschlossenen Drama ist ebenfalls einheitlich, den Ständen angepasst, auf sprachlich sehr hoher Ebene und meist in Versform. Im Gegensatz dazu benutzt das offene Drama ganz bewusst verschiedene sprachliche Stilebenen, sowie Alltagssprache. Es treten viele Personen auf, aus unterschiedlichen sozialen Schichten. Auch die Einheit von Handlung, Zeit und Ort ist im offenen Drama aufgehoben: mehrere Handlungen laufen gleichzeitig ab, der Zeitraum ist sehr ausgedehnt, oft wird in der Zeit gesprungen, es herrscht eine Vielheit der Orte und Personen vor. Außerdem haben die Szenen keinen Zusammenhang als Ganzes, sondern einen Schwerpunkt in sich selbst.

2.1.2. Eigenheiten spanischer Dramentradition

Die Besonderheit der spanischen Dramentradition ist jedoch, dass sie vom Rest Europas deutlich abweicht, die beiden Formen mischt, neue kreiert und vor allem aber vom aristotelischen Drama schon abweicht, als dieses in Europa noch als das Maß der Dinge gilt. Bekannte spanische Gattungen sind *Tragicomedia, Comedia, Autosacramental, Entremés, Sainete, Esperpento*. Im Gegensatz zum üblichen

Begriff der Komödie ist die spanische *Comedia* eher als Schauspiel konzipiert. Sie ist ein dreiaktiges Versdrama, das sowohl heitere als auch ernste Inhalte hat.[4] Subgattungen der *Comedia* sind die *Comedia de honor, Comedia de capa y espada* und *comedia historial*. (Imbach 2011, S. 74)

2.2. Lehrplanbezug – Spanisch als 3. Fremdsprache

Der Lehrplan des 8jährigen Gymnasiums fordert wie bereits erwähnt, ausdrücklich den Umgang mit Texten und Medien unter Einbeziehung literarischer Texte – auch in Verbindung mit Tonaufnahmen, Verfilmungen oder Theateraufführen. Des Weiteren fordert er die Förderung der Texterschließung durch fiktionale Texte aus Spanien und Hispanoamerika wie z.B. einem „Drama aus dem 20. oder 21. Jahrhundert (z.B. García Lorca) in Auszügen oder als Ganzschrift bzw. Auszüge oder eine Ganzschrift aus dem Bereich Film (Filmskript oder Textbuch)".[5]

2.3. Verwendung des Dramas im Unterricht der Oberstufe

2.3.1. Drama als Unterrichtsgegenstand – Vor- und Nachteile

Die Frage, ob und wie man das Drama im Fremdsprachenunterricht einsetzen sollte, bietet schon seit Jahren Anlass zur Diskussion unter den Lehrern der Oberstufe.

Einerseits hat das Drama den großen Vorteil, dass es ein motivierender Anlass ist zur möglichst vielseitigen mündlichen und schriftlichen Textproduktion. Die Dramentheorie kann Vorwissen aus anderen Fächern, wie Deutsch und Englisch, aktivieren und daran aufbauen bzw. anknüpfen.

Durch diese Anknüpfung lassen sich auch die Eigenheiten des spanischen Dramas kontrastiv leichter verstehen, bzw. vermitteln. So kann man den SuS die Besonderheiten der spanischen Dramentheorie im Vergleich mit den klassischen

---

[4] Meyers Kleines Lexikon Literatur
[5] Lehrplan für Gymnasien, Jahrgangsstufe 11/12, Spanisch (Fs3)

Dramen näherbringen, in dem man auf Einheiten, nationaltypische Motive, Themen und Dramentypen wie die Comedia, eingeht.

Des Weiteren bieten sich oft interessante Anknüpfungspunkte zu anderen Fächern, wie Deutsch, Geschichte, etc., die man beispielsweise in Form eines fächerübergreifenden Projektes ausschöpfen könnte.

Aber auch ohne Projektarbeit bietet der Einsatz eines Dramas den SuS immer auch eine Wissenserweiterung im Hinblick auf Allgemeinbildung, Landeskunde und interkulturelle Bildung. Obendrein trägt das Drama durch die Auseinandersetzung mit den Figuren und deren Geschichten auch zur Empathie- und Persönlichkeitsentwicklung bei.

Durch den Zugang zu Medien und Theateraufführungen lässt sich das Drama noch zusätzlich erweitern, was nicht nur die Motivation und das Interesse der SuS steigert, sondern auch zu einer tieferen Auseinandersetzung mit dem Drama und dem Text ermöglicht. (siehe auch: Imbach 2011, S.90-93)

Als ein Nachteil des Dramas wird oft genannt, dass es nicht den normalen Lesegewohnheiten der Schüler und Schülerinnen (im Folgenden SuS abgekürzt) entspricht. Diese scheinen das jedoch durchaus nicht immer als negativ, sondern teilweise als positive zu empfinden. Es kann daher von Vorteil sein, mit den SuS vorab über ihre Lesegewohnheiten zu sprechen und auch schon im Vorfeld zu klären, ob Interesse am Drama und Theater oder Film herrscht.

Weiterhin bemängeln viele Lehrer, dass Dramen im Unterricht sehr zeitaufwendig und theorielastig sind (Imbach 2001, S.56). Dieses Problem kann jedoch leicht dadurch behoben werden, dass man die SuS extensiv Lesen lässt und vorentlastet indem man Lesestrategien wie Skimming und Scanning einführt und übt. Detaillierte Dramentheorie ist meist nur bedingt für das Textverständnis notwendig. Es ist also wichtig vorher zu prüfen, ob die jeweilige Dramentheorie am konkreten Stück überhaupt erkennbar, bzw. wichtig für das Verständnis ist oder weggelassen werden kann. (Imbach 2011, S. 76-78)

Die oft genannten Schwierigkeiten der SuS, sich die Handlung nur aufgrund von Dialogen und Regieanweisungen vorzustellen, lassen sich relativ leicht beheben, indem man die SuS dazu auffordert, sich Standbilder oder Bühnenbilder zu überlegen und diese graphisch festzuhalten. Auch hier ist der Einsatz von Medien und Theateraufführungen zu empfehlen.

2.3.2. Umsetzungsmöglichkeiten und Erschließung

Beim Einsatz des Dramas im Unterricht gibt es einerseits die klassische analytische Erschließung bei der es sich meist um verobjektivierende Haltungen wie Inhaltsangabe, Zusammenfassung, Textanalyse oder Interpretation nach strengen literaturwissenschaftlichen Regeln handelt(Caspari 1995, S. 242). Oder andererseits die kreativen Ansätze nach Daniela Caspari. Diese lassen sich unterteilen in produktorientiert, persönlichkeitsorientiert und prozessorientiert. Der produktorientierte Ansatz hat den literarischen Originaltext im Fokus und soll die SuS befähigen, mit Hilfe kreativer Verfahren dessen kreatives Potential zu erkennen und nachzuvollziehen. (Caspari 1995, S.242) Dafür eignen sich ihrer Meinung nach besonders Verfahren bei denen Texte vervollständigt oder in die richtige Reihenfolge gebracht werden, das heißt deren Aufbau nachvollzogen wird. Der Text muss sehr genau, detailliert und vor allem mehrfach gelesen werden, was gerade für das Verständnis bei fremdsprachigen Texten ein großer Vorteil ist. Da dabei auch literaturwissenschaftliches Wissen zum Einsatz kommt, bietet sich die anschließende Produktion eigener Texte an. (Caspari 1995, S.242)

Der persönlichkeitsorientierte Ansatz „strebt die ganz persönliche Auseinandersetzung mit dem literarischen Text an sowie die eigene Entfaltung im und durch persönlichen Ausdruck" (Caspari 1995, S.242). Die Aufgaben sind ähnlich wie beim produktorientierten Ansatz, sollen den Text aber nicht abbilden oder wiedergeben, sondern haben eigene Textproduktion zum Ziel. Beispiele dafür sind Puzzletechnik, Umschreiben, Fortsetzung schreiben oder die vorgegebene Struktur eines Textes als Gerüst zu benutzen für einen eigenen, neuen Text. (Caspari 1995, 243)
Dieser Ansatz hat den Vorteil, dass er nicht nur die Imagination anspricht und Emotionen in den SuS weckt, sondern den SuS auch die Möglichkeit bietet Ausdruck und Sprache zu üben und „die Wirkung literarischer Sprache und Form" (Caspari 1995, S.243) am eigenen Text zu erleben.

Gegenstand des prozessorientierten Ansatzes ist die „Auseinandersetzung mit Literatur". Der Prozess dieser Auseinandersetzung steht also im Mittelpunkt dieses Ansatzes. Als besonders geeignete Verfahren nennt Caspari hier die Arbeit mit thematisch passenden, visuellen Medien, Wortfeldern, Schlüsselwörtern, Vorwissen über Gattung und Textsorte sowie das Aktivieren von literarischen Techniken. Auch die produktive Arbeit mit dem Titel, einzelnen Szenen, Überschriften oder Textteilen und Inhaltselementen hält sie für äußerst geeignet (Caspari 1995, S.244)

2.3.3. Auswahlkriterien

Bei der Auswahl eines Dramas für den Einsatz im Unterricht ist darauf zu achten, dass es einige wichtige Kriterien erfüllt. Diese Arbeit orientiert sich dabei an den Auswahlkriterien von Werner Imbach (Imbach 2011, S.121-122) Zunächst einmal muss der Dramentext verfügbar sein, sprich leicht zugänglich und als Buch, Film oder Theaterstück erhältlich.

Ein weiteres sehr wichtiges Kriterium, ist die thematische Anbindung. Das ausgewählte Drama sollte den vorgegebenen Themen des Zentralabiturs und des Lehrplans des jeweiligen Bundeslandes entsprechen, so dass die Arbeit mit dem Text nicht die Lernzeit der SuS verringert, sondern bereichert.

Ähnliches gilt für das Kriterium „Lernerorientierung": Der ausgewählte Text muss nicht nur dem Erfahrungshorizont der SuS entsprechen, es ist auch wichtig ein Drama zu wählen welches sowohl altersgemäße Inhalte liefert, als auch dem sprachlichen Niveau der SuS entspricht. Ist das Niveau zu hoch oder der Text für eine sehr viel ältere Leserschaft geschrieben, verlieren die SuS schnell das Interesse.

Zum Kriterium „Interkulturelles Lernen" ist zu sagen, dass die SuS natürlich generell davon profitieren, Texte aus einem anderen Kulturkreis in der Zielsprache zu lesen und durch diesen Kontext mehr über die jeweilige Kultur zu lernen. Dabei ist es jedoch wichtig, dass der Lehrer die interkulturelle Handlungsfähigkeit im Auge behält. Es reicht nicht, einfach irgendein spanisches Drama zu wählen, um den SuS die spanische Kultur näher zu bringen – im Gegenteil, der Text sollte sorgfältig ausgewählt und so eingesetzt werden, dass er durch die Diskussion von Inhalt und Konflikten im Drama zur Bewusstmachung von Stereotypen und Vorurteilen beiträgt und hilft, diese abzubauen. Um das zu erreichen, muss allerdings ein gewisser Aktualitätsbezug gegeben sein. Natürlich kann es für die SuS durchaus interessant sein, etwas über die spanische Kultur im 18. Jahrhundert zu lesen. Die interkulturelle Kompetenz der SuS wird dadurch jedoch kaum gefördert.

Das letzte Auswahlkriterium ist nach Imbach „Exemplarität und Lernzuwachs". Damit ist gemeint, dass bei der Auswahl des Dramentextes darauf geachtet werden muss, dass die Inhalte auch tatsächlich eine Bedeutung haben für den Unterricht. Anhand des Dramas sollen schließlich dem Auftrag des Lehrplans zufolge, „übertragbare Kenntnisse und Fertigkeiten" vermittelt, sowie methodische Kompetenzen im Umgang mit literarischen Texten aufgebaut werden. (nach Imbach 2011, S. 121-122)

3. Praxis und Umsetzung – Planung einer Unterrichtsreihe zu La muerte y la doncella von A. Dorfmann

Im Rahmen dieser Arbeit soll das Theaterstück: „La muerte y la doncella" von Ariel Dorfmann als Grundlage zur Planung einer 90-minütigen Unterrichtsstunde (Doppelstunde) dienen. Diese Stunde ist Teil einer Unterrichtsreihe über 10 Stunden, in deren Verlauf die SuS das Stück vom Ende zum Anfang lesen. Diese Vorgehensweise wurde gewählt um Spannung, Lesespaß und Motivation zusätzlich zu erhöhen. Da sich das Theaterstück mit den Folgen der Militärdiktatur in Chile befasst, ist es gut geeignet um an das landeskundliche Thema der vorherigen Unterrichtsreihe anzuknüpfen: „Diktatur in Chile/Argentinien". Durch die Verknüpfung lässt sich das Vorwissen besonders gut aktivieren. Gleichzeitig wird durch die emotionale Verarbeitung des Themas, aber auch eine tiefere Verarbeitung der Informationen über Chile und die Diktatur gewährleistet.

Im Verlauf der Unterrichtsreihe sollen ausgewählte Szenen einzeln, aber auch das Drama im Ganzen analysiert und interpretiert werden. Hierbei können verschiedene Verfahren zur Analyse und Interpretation literarischer Texte zum Einsatz kommen. In der hier vorliegenden Doppelstunde wurde die zweite Szene, des zweiten Aktes gewählt (siehe Anhang), die durch den Vergleich mit der Verfilmung des Dramentextes durch Roman Polanski (1994) analysiert werden sollte. Besonderes Augenmerk lag dabei auf der Beziehung zwischen den Hauptcharakteren Gerardo, Roberto und Paulina.

Die SuS hatten vor der Stunde den Auftrag bekommen, sich die Szene schon einmal vorab durchzulesen. Das Stundenziel war daher, die Beziehung zwischen Gerardo, Roberto und Paulina zu analysieren und diese in Standbilder umzusetzen. Außerdem sollten die SuS die unterschiedliche Umsetzung der gleichen Szene im Film kennen lernen und mit der Lektüre vergleichen. Anschließend sollten die SuS als Hausaufgabe einen Comentario schreiben, wie es ihrer Meinung nach zu dieser Szene gekommen sein könnte.

Zunächst sollten die SuS durch einen Bildimpuls und eine kurze Wiederholung des Inhalts der Szene motiviert und ihr Vorwissen aktiviert werden. Danach wurde im ersten Teil der Stunde „Think-Pair-Share" eingesetzt, um den Text nochmal zu lesen (Think), die Beziehung zwischen den Protagonisten zu charakterisieren (Pair) und die Szene in Standbildern (3er Gruppen) darzustellen (Share). Die Ergebnisse wurden anschließend gesammelt und in Form eines Tafelbildes gesichert (siehe Anhang).

Im zweiten Teil der Stunde wurde zunächst ein Arbeitsblatt (Anhang) zu Unterschieden zwischen Lektüre und Film ausgeteilt und die entsprechende Filmszene angeschaut. Die SuS bekamen Zeit, das Arbeitsblatt vor und nach dem Anschauen der Szene in Ruhe zu lesen und sich erste Notizen zu machen. Danach wurde die Szene ein zweites Mal angeschaut und das Arbeitsblatt zu Ende ausgefüllt. Dies geschah jeweils in Einzelarbeit. Anschließend wurden die Ergebnisse im Plenum besprochen und mit Hilfe der Dokumentenkamera kontrolliert, ergänzt und festgehalten. Hierbei wurden nicht nur die Unterschiede zwischen Dramentext und Film besprochen, sondern auch auf die unterschiedlichen Darstellungen in den Standbildern der SuS eingegangen.

Als Hausaufgabe sollten die SuS dann einen eigenen Text produzieren. Da die Lektüre von hinten nach vorne gelesen wurde, sollten die SuS eine Art Vorgeschichte zu der besprochenen zweiten Szene des zweitens Aktes schreiben und darlegen, wie es zu der Szene gekommen sein könnte.

Literaturverzeichnis

Primärquellen:

Dorfmann, Ariel (2005): *La muerte y la doncella.* Ditzingen: Reclam.

Polanski, Roman (1994): *La muerte y la doncella.* Los Angeles: Capitol Films

Sekundärquellen:

Imbach, Werner (2011): *Zeitgenössisches spanisches Theater im Spanischunterricht: Didaktische Relevanz und Methodik.* Hamburg: disserta Verlag

Caspari, Daniela (1995): „Literarische Texte im Fremdsprachenunterricht und/ mit/durch kreative Verfahren." *Fremdsprachenunterricht* 39. Berlin: Pädagogischer Verlag (S.241-246)

Meyers Kleines Lexikon Literatur. (1986). Mannheim: Bibliographisches Institut.

Internet

Staatsinstitut für Schulqualität und Bildungsforschung München ISB (2004):

Lehrplan Gymnasium, Jahrgangsstufe 11/12, Spanisch (Fs3). <http://www.isb-gym8-lehrplan.de/contentserv/3.1.neu/g8.de/index.php?StoryID=26514> [Zugriff am 11.02.2016]

Anhang

Geplanter Stundenverlauf

Stundenthema (Lehrplanbezug): Die Beziehung zwischen den Hauptcharakteren in der Lektüre (La muerte y la doncella) und Kenntnis über Schimpfwörter

Stundenziel: Die SuS. kennen den II. Akt, 2. Szene und sind sich über die Beziehung zwischen Gerardo, Roberto und Paulina im Klaren und erarbeiten diese in Standbildern. Außerdem lernen sie die Unterschiede in der Umsetzung zwischen Lektüre, eigener Darstellung und Film kennen.

Unterrichtsphase	Unterrichtsgeschehen	Sozialform	Material
Einstieg (5 min)			
Hinführung	Wiederholen des Inhaltes	LSG	
TZ1. Die SuS. arbeiten die Beziehung zwischen den Protagonisten aus			
Erarbeitung 1 (ca. 40 min)	Lesen des Textes II,2	TPS	Lektüre
	Charakterisierung der Beziehung zwischen den Protagonisten	PA	
	Darstellung der Szene in Standbildern	3er Gruppen	
Sicherung 1	Sicherung der Ergebnisse an der Tafel		Tafel
TZ.2 Erarbeitung der Unterschiede zwischen Film und Lektüre			
Erarbeitung 2 (ca. 45 min)	Anschauen der Filmszenen (2 Mal) AB nach erstem anschauen austeilen		Beamer
	Bearbeiten des ABs	EA	AB 1
Sicherung 2	Korrektur des ABs	LSG	
	Diskussion: Unterschiede der Darstellung in Film/Lektüre und eigenen Standbildern	LSG	
Gesamtsicherung		LSG	
Abschluss (5 min)	Comentario: Wie ist es zu dem Anwaltsgespräch gekommen? (100 Wörter)		

Tafelbild

Roberto:	Gerardo:
• dice que no tiene algo que admitir • piensa que Paulina es loca • conoce técnicas de interrogación • indago el poder de G. en su propia casa • machista • Tiene miedo de Paulina	• siente por Roberto • tiene dudas sobre los asuntos de Paulina y del uso de sus métodos • piensa que Paulina es loca • esta fiel a Paulina • ofendido de Roberto por sus preguntas • Está cansado • Quiere ayudar a Roberto, pero tambien a su mujer

Paulina:

• vengativa
• exageradamente cuidadosa
• loca?!

1. ¿Qué le pide Roberto a Gerardo y cómo reacciona Gerardo?

Le pide que lo tutee – Roberto rechaza la oferta porque prefiere una relación más formal.

2. ¿Qué opina Roberto sobre Paulina?

Dice que está loca y que debería buscar la ayuda de un psiquiátrico.

3. ¿De qué tiene miedo Roberto?

Roberto tiene miedo de que Paulina lo mate.

4. ¿Qué, según Gerardo, es lo que podría confesar Roberto?

Podría confesar haber formado parte del aparato de tortura de la dictadura como médico.

5. ¿Qué pruebas, según Gerardo, tiene Paulina, para culpar a Roberto?

Aparte de su voz, Paulina afirma reconocer la piel y el olor de Roberto Miranda

AB: Análisis de la película

¿Qué diferencias hay en la película?

_____

_____

_____

_____

¿Cómo cambian estas diferencias la percepción de los caracteres?

_____

_____

_____

¿Cómo cambian estas diferencias la relación entre los caracteres?

_____

_____

_____

_____

In der vorliegenden Hausarbeit werden die Dramentheorie und der Einsatz spanischer Dramen im Unterricht beleuchtet. Der praktische Teil der Arbeit behandelt die Umsetzung der zuvor erwähnten Theorie anhand einer 90-minütigen Unterrichtsstunde, eingebettet in eine 10-stündige Unterrichtsreihe zum Drama „La Muerte y la Doncella" von Ariel Dorfmann. (...)

www.grin.co

Dokument Nr. V321305
http://www.grin.com
ISBN 978-3-668-20528-4

9 783668 205281

On Long Loan

Vanessa Lampert

LIVE CANON